Smoothies

der vier Jahreszeiten

OTUS Lifestyle

Inhalt

Vorwort

Smoothies sind der Kult-Mix aus den USA! Fruchtig, vollmundig und lecker, sind sie echte Vitamin-Booster, die uns im Frühjahr Energie schenken, uns im Sommer und Herbst mit einer Vielzahl an Früchten erfrischen und im Winter unsere Widerstandskräfte stärken. An Zutaten wie Obst und Gemüse, Säften und Milchprodukten sowie Aromen und Gewürzen ist dabei alles erlaubt, was schmeckt!

In diesem Buch finden Sie etliche Rezepte, die zum Ausprobieren locken. Wie wäre es zum Beispiel mit einem Apfel-Smoothie mit Spinat oder einem Fenchel-Mangold-Smoothie? Kreativität und Genuss sind dabei keine Grenzen gesetzt. Entscheiden Sie einfach nach Lust und Laune.

Die Rezepte sind nach Jahreszeiten geordnet, sodass Sie alle Grundzutaten erhalten, wenn sie gerade Saison haben. Dann sind sie voll ausgereift, günstig aus der Region zu bekommen und entwickeln im Smoothie in puncto Geschmack und Aroma ihre volle Kraft.

Entdecken Sie gesunde Smoothies, mit denen Sie auf überflüssige Zuckerzusätze, Konservierungsstoffe, Stabilisatoren, künstliche Aromen und Geschmacksverstärker verzichten können. In diesem Buch finden Sie viele leckere Inspirationen, um mit verführerischen Smoothies gesund durchs Jahr zu kommen!

Einleitung

Ob Sie sich nun wie die Hollywoodstars mit Grünen Smoothies fit, schlank und schön trinken oder nur ab und zu einen schmackhaften Vitaminkick benötigen – Smoothies sind die idealen Begleiter durchs Jahr. Im Frühjahr locken beispielsweise köstliche Rhabarber- und Erdbeer-Smoothies und viel frisches Grün als Basis der beliebten Grünen Smoothies. Im Sommer sind Frozen Smoothies mit tiefgekühltem Obst, Eiscreme und zerstoßenen Eiswürfeln beliebt. Im Herbst wiederum ist Erntezeit: Frische Feigen, Kürbisse, Nüsse und Gemüse werden auf den Märkten feilgeboten. Im Winter hingegen bestimmen warme Gewürze und Aromen den Genuss. Vanille, Zimt und Bratapfel versetzen in Festtagsstimmung. Chili aktiviert schlummernde Kräfte, während Zitrus-Smoothies vorbeugen, wenn eine Erkältung droht.

Smoothies sollten dabei nicht mit herkömmlichen Saft-Cocktails verwechselt werden. Das englische Wort „smooth" bedeutet so viel wie cremig, samtig und vollmundig. Somit ist die Konsistenz Teil des Geschmackserlebnisses. Smoothies werden aus im Ganzen pürierten Früchten hergestellt, um die für einen Smoothie so typische cremige Konsistenz zu erhalten. Sie werden bevorzugt kalt getrunken, wobei immer mehrere Obstsorten auf der Zunge zergehen und dort eine Explosion an Fruchtaromen auslösen.

Die Geschichte der Smoothies

Süß, lecker und herrlich frisch, waren Obst-Smoothies die ersten Smoothies, die in den Anfang der 1920er-Jahre aufkommenden amerikanischen Saftbars angeboten wurden. Pionier ihrer Vermarktung war jedoch Stephen Kuhnau. 1987 gründete er die Franchise-Kette „Smoothie King". Nur wenige Jahre spä-

ter folgte ihm die Jamba Juice Company in Kalifornien, die Smoothies noch frisch zubereitete. Heute gibt es sie weltweit als Fertigprodukt im Supermarkt. Die Idee eines frischen, gesunden Power-Drinks ist dabei verloren gegangen. Dabei lassen sich Smoothies auch schnell und einfach selbst zubereiten und nach Herzenslust variieren. Die Basisformeln hierfür verrät Ihnen der nebenstehende Kasten.

Schnell, einfach und abwechslungsreich

Smoothies leisten einen wertvollen Beitrag zur Ernährung. Dabei sind sie in weniger als 10 Minuten zubereitet. Zwei Drittel Obst klein schneiden, in den Mixer geben, 1 Drittel Blattgrün hinzufügen. Den Becher mit Wasser bis zur Fruchtgrenze auffüllen. Alles gut durchmixen – und fertig! Dank der Früchte werden Salat und Gemüse zu einer leckeren Mahlzeit! Eine Mahlzeit, die nie langweilig werden kann. Ob Grüne oder pure Frucht- und Gemüse-Smoothies:

Basis-Formeln

für Grüne Smoothies
500 g Früchte
100–120 g Pflanzengrün (2 große Hände voll)
ca. 1 Tasse Wasser

für Obst-Smoothies
3 Tassen Obst (2 bis 3 Sorten inkl. Banane)
1–2 Tassen Flüssigkeit (je nach Obstsorte)
Vanillemark, Ahornsirup, Eiscreme oder Erdnussbutter zum Verfeinern

Die Kombinationsmöglichkeiten sind unzählig. Der Kreativität und der Lust am Genuss sind keine Grenzen gesetzt. Jede Jahreszeit eröffnet mit ihrer Sortenvielfalt neue Genussmomente. Hinzu kommt eine Fülle an weiteren Zutaten wie Säften, Milchprodukten, Aromen, Gewürzen und Superfoods – Abwechslung, die das ganze Jahr hindurch Freude macht.

Fit in den Tag

Smoothies sind das ideale Frühstück. Schnell und einfach zubereitet, sind sie aufgrund ihres hohen Fruchtzuckeranteils ein schneller Energielieferant. Derart für den Tag gestärkt, können wir unbeschwert durchstarten. Da sie leicht verdaulich sind, belasten Smoothies den Körper kaum. Für ihre Verdauung wird nur wenig Energie gebraucht. So kommt im Verlauf des Tages keine Müdigkeit auf. Im Gegenteil! Da sie reich an Vitalstoffen und Flüssigkeit sind, lassen Smoothies den Körper so richtig aufleben. So decken insbesondere Grüne Smoothies ein breites Spektrum unseres Tagesbedarfs an Vitaminen, Mineralstoffen, Spurenelementen und sekundären Pflanzenstoffen.

Empfohlene Tagesration an Obst und Gemüse

Ein weiteres Argument, das für die leckeren Smoothies spricht, ist der gesundheitliche Aspekt. So empfiehlt etwa die Deutsche Gesellschaft für Ernährung (DEG), am Tag fünf Portionen Obst und Gemüse zu essen. Dies unterstützen auch die Ergebnisse einer Studie, die 2014 am University College London durchgeführt wurde. Sie kam zu dem Schluss, dass die Wahrscheinlichkeit an Herz-Kreislauf-Erkrankungen zu sterben, mit steigendem Konsum von Obst und Gemüse sinkt. Bei einer Menge von sieben oder mehr Portionen am Tag war das Sterberisiko aller Probanden im Vergleich zur Kontrollgruppe um 42 Prozent gesenkt. Damit gehen Sie in ihrer Empfehlung zur Tagesration an Obst und Gemüse sogar noch einen Schritt weiter.

Bereits mit einem Smoothie, in dem zwei ganze Früchte und eine Portion Salat oder Gemüse stecken, können Sie die täglich empfohlene Tagesration der DEG schnell, einfach und lecker zu zwei Dritteln abdecken. Besonders Menschen, die sich schwer tun, täglich ausreichend Obst und Gemüse zu essen, können daher mit Smoothies ihre Ernährung entscheidend verbessern. Smoothies sind als Frühstück oder Zwischenmahlzeit ideal. Im Nu zubereitet, lassen sie Gemüse und Salat köstlich schmecken und liefern hochkonzentrierte Nähr- und Vitalstoffe in ihrer natürlichsten Form.

Grün ist gesund!

Absolut im Trend liegen derzeit Grüne Smoothies. Sie bestehen vorwiegend aus Blattgemüse und Kräutern, etwas Wasser sowie reifen Früchten. Reich an essenziellen Aminosäuren, Vitaminen, Spurenelementen, Mineralien und Antioxidantien, sind sie so gesund,

wie sie aussehen, schmecken jedoch dank der süßen Früchte auch noch superlecker. Die Magie in diesen Supersmoothies kommt vom Pflanzengrün. Grüne Smoothies enthalten jede Menge an sogenannten Mikronährstoffen. Dazu zählen unter anderem Vitamine, Mineralstoffe, Spurenelemente und sekundäre Pflanzenstoffe. Sie sind wichtig für viele Stoffwechselvorgänge. Zum Beispiel regulieren sie den Wasserhaushalt. Unser Körper kann diese Mikronährstoffe bis auf einige Ausnahmen nicht selbst bilden. Daher müssen wir sie ihm regelmäßig zuführen. Der Mikronährstoffgehalt grüner Blätter übertrifft bei Weitem denjenigen unserer üblichen Grundnahrungsmittel. Daher sind Grüne Smoothies so gesund für uns.

Die Bestätigung hierfür kommt von der Erfinderin und „Mutter der Grünen Smoothies", Victoria Boutenko. Weil ihr Mann und ihre Kinder 2004 an verschiedenen Zivilisationskrankheiten litten, entwickelte sie ein Konzept zur Ernährungsumstellung ihrer Familie. Inspiriert wurde es von der Ernährung unserer nahen Verwandten, der Schimpansen. Unberührt von den für uns so typischen Zivilisationskrankheiten, ernähren diese sich vorwiegend von Blättern und Früchten. Victoria Boutenko reicherte den Speiseplan der Familie daher um viel Grün und Obst an. Doch die großen Mengen an Salat und Gemüse kamen hier nicht so gut an. Um alle wichtigen Nähr- und Vitalstoffe in eine Mahlzeit zu packen, erfand Victoria daher den Grünen Smoothie – ein Mixgetränk aus Obst und Blattgemüse. Mann und Kinder konnten nun alle nötigen Vitalstoffe mit ein bis zwei Drinks täglich zu sich nehmen – und die Familie Boutenko erfreut sich heute bester Gesundheit.

Das Geheimnis der Hollywoodstars

Anders als manche vielleicht denken, ist gerade bei Grünen Smoothies viel Abwechslung geboten. Blattgemüse, Salate und Kräuter wie Mangold, Spinat, Kohlgemüse, Kopf-, Feld- und Bataviasalat, Lollo bionda, Rucola, Löwenzahn, Koriander, Kerbel, Liebstöckel oder Basilikum sowie das Grün von Wurzelgemüse laden zum Variieren ein. Mit dieser Vielfalt versorgen grüne Smoothies den Körper

mit gesunden Pflanzenstoffen. So stärken Grüne Smoothies das Immunsystem, beugen Entzündungen vor und fördern die Wundheilung. Da sie aufgrund eines hohen Chlorophyllgehalts sehr basisch sind, bringen grüne Smoothies zudem Magen und Darm ins Gleichgewicht.
Diese Inhaltsstoffe haben aber nicht nur auf die Gesundheit einen positiven Effekt, sie sollen auch noch schön und schlank machen. Kein Wunder also, dass viele Stars auf sie schwören. Mit ihren vielen Vitaminen und Mineralien sind sie ein wahrer Jungbrunnen und das Beauty-Geheimnis vieler Hollywoodstars. Sie enthalten viele Vitamine, Mineralstoffe, Spurenelementen, Ballaststoffe und Chlorophyll, jedoch kaum Kalorien. Die Ballaststoffe lassen den Blutzuckerspiegel nur langsam steigen. Der Körper wird langfristig mit Energie versorgt und Sie fühlen sich länger satt. Ein weiteres Plus der grünen Vital-Bomben: Der Appetit auf Ungesundes nimmt ab. Wer ein bis zwei Mahlzeiten durch grüne Smoothies ersetzt, kann mit ihnen wunderbar abnehmen. Zudem verbessern ihre Vitalstoffe auch Hautbild, Nägel und Haarstruktur.

Abnehmen mit Grünen Smoothies

Grüne Smoothies eignen sich auch hervorragend als kalorienarme Ergänzung im Rahmen einer Diät. Denn hiermit bekommt der Körper alles, was er braucht. Zudem entsprechen sie unserem modernen Lebensstill. Schnell und unkompliziert zubereitet, lassen sie sich in einer Thermosflasche überallhin mitnehmen und bleiben hier den ganzen Tag lang kühl und frisch.
Damit die Grünen Smoothies zu echten Kilokillern werden, gilt es einige Hinweise und Tricks zu beherzigen: Beispielsweise sollte im Smoothie das Blattgemüse mit 60 Prozent im Vergleich zum Fruchtanteil überwiegen. Da Wasser keine Kalorien hat, ist es als Basisflüssigkeit für Grüne Smoothies die

beste Wahl. Kokos-, Mandel-, Reis-, Soja-, Hafer- und Vollmilch sowie süße Säfte sollten Sie hingegen als Basisflüssigkeit meiden. Auf Zucker, Sirups oder Honig sollten Sie ebenfalls verzichten. Stattdessen reichen reife Früchte wie Bananen und süße Datteln aus, um einen grünen Diät-Smoothie zu süßen. Grüne Smoothies sind zwar von Haus aus fettarm, einige Rezepte bereichern sie aber auch durch gesunde Fette, etwa aus Avocado. Wer jedoch auf seine schlanke Linie achten will, sollte nicht mehr als eine Achtel Avocado pro Glas verwenden. Wer zudem auf eine gesunde, kalorienarme Ernährung achtet, kann das Abnehmen wirkungsvoll unterstützen.

Warum selber mixen?

Ob grün oder bunt – Smoothies sind inzwischen auch in vielen Supermärkten erhältlich. Doch was erwartet Sie, wenn Sie einen Fertig-Smoothie im Supermarkt kaufen? Die vollmundigen Versprechen der Hersteller mit „100 Prozent des Tagesbedarfs an Obst und Gemüse" werden hierbei kaum eingehalten. Zur Verbesserung der Haltbarkeit werden die Supermarktprodukte hocherhitzt, was die hitzeempfindlichen Vitamine vernichtet. Bei der Verarbeitung werden Obst und Gemüse geschält, vorpüriert, getrocknet und wieder verflüssigt. So enthalten die Fertig-Smoothies nur wenig sekundäre Pflanzen- und Ballaststoffe. Entgegen der empfohlenen Tagesdosis von 30 Gramm Ballaststoffen täglich kamen Fertig-Smoothies in Untersuchungen der Stiftung Warentest nur auf 1 bis 5 Gramm pro Fläschchen.
Statt gesunde Frische zu bieten, arbeitet man bei Fertig-Smoothies außerdem meist mit Konzentraten, Aromen und viel Wasser. Orangenzellen, Apfelpektin oder Kokospulver werden neu angerührt und ersetzen das natürliche Produkt. Oft finden sich sogar mehr Zusätze in Form von Aromen, Konservierungsstoffen und Stabilisatoren im Getränk als Obst und Gemüse.
Ganz zu schweigen von Zuckerzusätzen. So haben Fertig-Smoothies im Durch-

schnitt 150 Kalorien – ähnlich viel wie ein Glas Cola. Schuld daran ist der Zucker. Zwar wird mit gesundem Fruchtzucker geworben, das Gift liegt hier jedoch in der Dosis – und die ist oft zu hoch. Blutzucker und Insulin schießen durch den Zuckerkonsum schnell nach oben und sinken in gleicher Geschwindigkeit. Die Folge: Die Lust auf einen neuen Zuckerschock ist schnell wieder da. Ein Teufelskreis, bei dem die Gefahren einer Diabetes-II-Erkrankung lauern.
Ein weiteres Problem: Was draufsteht, muss noch lange nicht drinstecken! Ein als Beeren-Smoothie deklariertes Produkt beispielsweise kann überwiegend aus Apfelsaft bestehen. Apfel-Beeren-Mix wäre hier der zutreffendere Name. Etikettiert wird aber anders. Auch das stellte die Stiftung Warentest in ihrer Untersuchung heraus. 12 von 27 Produkten namhafter deutscher Anbieter fielen hier durch. Verzichten Sie also möglichst auf „Flaschenkost", denn wirklich praktisch ist sie nur für Industrie und Handel.

Welcher Mixer soll es sein?

Ein Grund, warum Smoothies sich so großer Beliebtheit erfreuen, ist die leichte Zubereitung. Denn im Gegensatz zu vielen anderen Mixgetränken und „Zwischenmahlzeiten" benötigt man hierzu meist kaum mehr als ein Schneidebrett, scharfe Messer und einen guten Mixer. Vor allem vielen Einsteigern in die Welt des cremigen Fruchtgenusses stellt sich hierbei die Frage: Stabmixer, Standmixer oder Hochleistungsmixer mit über 30.000 Umdrehungen? Ist eine Neuanschaffung wirklich notwendig? Hat die Qualität des Mixers überhaupt einen Einfluss auf Crema und Wirkung eines Smoothies? Insbesondere bei der Zubereitung der populären Grünen Smoothies hat sie das tatsächlich. Zwar können Blattgemüse, Früchte und Wasser auch mit einem herkömmlichen Standmixer püriert werden. Im Gegensatz zu Obst-Smoothies, deren Zutaten weich und wenig faserig sind, bestehen Grüne Smoothies jedoch zu 40 bis 60 Prozent aus Pflanzenfasern. Standmixer mit durchschnittlich 200 bis 800 Watt geraten hier schnell an ihre Leistungsgrenzen. Sie zerkleinern das Pflanzengrün nicht vollständig, egal wie lange Sie mixen. Das Ergebnis ist ein ungewollt stückiger Smoothie mit stö-

renden Obstkernen sowie Schalen- und anderen Pflanzenrückständen. Die gewünschte Crema wird nur beim Mixen sehr zarter Blattsorten wie Babyspinat, Feld- oder Kopfsalat erreicht. Ansonsten lassen Konsistenz, Aussehen und Geschmackserlebnis zu wünschen übrig. Die optimale Wirkung Grüner Smoothies besteht aber in einer optimierten Nährstofffreisetzung durch den Mixer. Nur sehr fein zerkleinert, wird die Zellstruktur des Blattgrüns aufgebrochen und Chlorophyll und Mikronährstoffe werden freigesetzt. Ein Hochleistungsmixer mit 2000 Watt und 30000 Umdrehungen in der Minute setzt die Vitamine, Mineralstoffe, Spurenelemente und sekundären Pflanzenstoffe frei. So werden sie dem Körper zugänglich gemacht. Wir können die Vitalstoffe, insbesondere das wertvolle Chlorophyll, leicht aufnehmen, und sie sind auch besser verdaulich. Etliche Umsteiger von herkömmlichen Standmixern auf Hochleistungsmixer berichten, dass sie die Grünen Smoothies jetzt besser vertragen. Vermutlich liegt der Grund hierfür in der durch den Mixvorgang gewonnenen Oberfläche. Sie bietet Verdauungssäften eine größere Angriffsfläche.

Fazit: Um auszuprobieren, ob Smoothies überhaupt etwas für Sie sind, ist ein normaler Standmixer völlig ausreichend. Zumal weiche Früchte und zartes Blattgemüse immer einen guten Einstieg ins Smoothie-Mixen bilden. Werden – insbesondere Grüne – Smoothies jedoch zum täglichen Genuss, ist die Anschaffung eines Hochleistungsmixers sinnvoll. Der Unterschied in Geschmack, Crema und Wirkung ist deutlich wahrzunehmen. Ein Stabmixer hingegen ist nur für die Herstellung von Frucht-Smoothies geeignet. Aber auch für diese finden sich im folgenden Rezeptteil etliche leckere Rezepte.

So mixen Sie richtig!

Gut gemixte Smoothies sind aufgrund ihrer einmaligen Crema nicht nur ein besonderes Geschmackserlebnis, sie sind auch gesünder und verträglicher. Mit der richtigen Schichtung der Zutaten können Sie die Leistung Ihres Mixers unterstützen, und selbst Smoothie-Experimente gelingen bereits beim ersten Versuch.

Folgendermaßen gehen Sie vor: Das gestückelte Obst oder Gemüse kommt zuerst in den Mixer. Ihm folgt im Fall eines Grünen Smoothies das Blattgrün. Anschließend können Aromen und Gewürze wie z. B. frisch geriebener Ingwer, Orangenabrieb, Chili oder Superfoods hinzugefügt werden. Zu guter Letzt fügen Sie die Flüssigkeit hinzu. Durch sie können die Messer des Mixers gut greifen – beste Voraussetzungen für eine perfekte Crema.

Wenn Sie bei der Smoothie-Herstellung nicht nach Rezept mixen, sondern frei experimentieren wollen, sollten Sie zunächst nur etwas von der gewünschten Flüssigkeit zugeben. Sie können dann nach und nach zugießen, bis die optimale Konsistenz erreicht ist.

Was die Mixdauer anbelangt, liegt in der Kürze die Würze. Bei einem Hochleistungsmixer sollten je nach Menge und Art der Zutaten 25 bis 60 Sekunden nicht überschritten werden. Zwar wird hierbei ein ganz fein püriertes, faserloses und cremiges Ergebnis erzielt, dennoch sorgen hohe Drehzahlen im Mixer für Oxidation. Hierbei wird Sauerstoff freigesetzt, der den Nährstoffen schaden kann. Daher ist es für die gesunde Wirkung eines Smoothies (besonders eines Grünen Smoothies) entscheidend, ihn nicht zu übermixen.

Zutaten für den puren Genuss!

Der Begriff Smoothie ist nicht geschützt, sodass Smoothies eine Vielzahl verschiedener Zutaten enthalten können. Ob Grüner, Gemüse- oder Frucht-Smoothie: Von A wie Ananas bis Z wie Zucchini ist alles erlaubt, was schmeckt. Es gibt keine Einschränkungen. Stattdessen gibt es eine Fülle an Möglichkeiten, sodass passionierte Smoothie-Fans täglich einen neuen Power-Drink erfinden könnten. Angehende Smoothie-Liebhaber sind sich aber oft der Vielzahl ihrer Möglichkeiten nicht bewusst. Daher im Folgenden eine kleine Einführung. In den folgenden Abschnitten finden Sie einige Tipps zu den verschiedenen Zutaten:

Obst-Smoothies

An Früchten können Sie – von A wie Ananas bis Z wie Zitrone – für Ihren Obst-Smoothies alles zusammenstellen, was Lust und Laune macht. Es sollten aber immer zwei bis vier verschiedene Geschmacksrichtungen sein, damit der Smoothie richtig ausgewogen wird und sich die verschiedenen Geschmäcker nicht allzu sehr überlagern.

Zusammensetzung Smoothies

Grundsätzlich bestehen Smoothies aus vier bis fünf Komponenten:

- **Grüne Smoothies** werden aus Früchten, Blattgemüse und Kräutern, Wasser, Gewürzen und Aromen sowie Superfoods gemixt.
- **Gemüse-Smoothies** stellt man aus Gemüse (und Früchten), Flüssigkeit, Gewürzen und Aromen sowie Superfoods her.
- **Obst-Smoothies** sind ein Genuss aus zwei bis vier Fruchtsorten, etwas Flüssigkeit, Aromen und Gewürzen.

Zusätzlich können noch **Nüsse** und **Getreide** aller Art untergemixt werden.

Grüne Smoothies

Soll es ein Grüner Smoothie werden, können Sie zwischen etlichen Sorten von Blattgrün und Wildkräutern wählen: vom Babyspinat über Bataviasalat, Brunnenkresse, Feldsalat, Frisée, Grünkohl, Kopfsalat, Löwenzahn, Mangold, Rosenkohl, Rauke und Schwarzkohl bis hin zum Wirsing.

Gemüse-Smoothies

Wollen Sie einen Gemüse-Smoothie mixen, können alle Sorten, die sich auch

als Rohkost eignen, pur sowie mit anderen Gemüse- und Obstsorten gemischt werden: von Brokkoli über Gurke, Fenchel, Karotte, Paprika, Tomate und Sellerie bis zu Zucchini und vielem mehr.

Flüssigkeit

Neben den Grundzutaten Obst, Gemüse, Blattgrün und Kräuter darf auch die Flüssigkeit im Smoothie nicht fehlen. Grüne und Gemüse-Smoothies werden bevorzugt mit Wasser gemixt. Es eignen sich aber auch alle Arten von Frucht- und Gemüsesäften, Gemüse-Fonds sowie Milchprodukte von der Buttermilch über Joghurt bis zum Kefir, aber auch Kokos-, Mandel- oder Sojamilch.
Bei den Obst-Smoothies kommen je nach Belieben noch Sahne, verschiedenste Eiscremesorten und Puddings hinzu, wobei die Geschmacksrichtung vorzugsweise süß ist. Aber auch saure Aromen wie etwa Sauerkirschsaft können sehr interessant sein.

Süßungsmittel, Kräuter und Gewürze

Aromen und Gewürze bringen erst so richtig den nötigen Pfiff in Ihren Smoothie. Hier können Sie nach Geschmack wählen, was ihr Gewürzschrank hergibt. Einige Beispiele für beliebte Süßungsmittel und natürliche Aromen sind folgende: Zum Süßen verwendet man neben reifen Bananen bevorzugt Honig oder Sirup. Ob Karamell-, Ahorn-, Minze-, Holunder- oder Cassis-Sirup – sowohl Obst- als auch Grüne Smoothies gewinnen durch die zusätzliche Geschmacksnote. Etwas gesünder als Sirups sind Trockenfrüchte wie getrocknete Aprikosen, Apfelringe, Backpflaumen, Datteln oder Feigen. Zum Verfeinern von Fruchtgenüssen nimmt man daneben gerne auch Vanille, Zimt, Zitronen- und Orangenabrieb. Für die Schärfe wird mit Vorliebe Chili verwendet, aber auch Ingwer und Wasabi heizen so richtig ein und fördern zudem die Durchblutung. Auch Kardamom, Curry und Muskat sind beliebte Smoothie-Gewürze. Geschmacksgebend sind auch alle Arten von Nüssen sowie Erdnussbutter, die für ein feines Aroma und eine schöne Konsistenz sorgen – solange Sie nicht allzu sehr auf Ihre Linie achten müssen.
Kräuter bieten eine ebenso große Auswahlmöglichkeit und wecken beim

Smoothie-Mixen die Kreativität. Ob Sie nun etwa den würzigen Geschmack des Bärlauchs oder das feine Aroma der Zitronenmelisse bevorzugen: Kräuter können den Geschmack von Smoothies entscheidend prägen. Je nach Art des Smoothies und der sonstigen Zutaten können Sie hier wählen, was geschmacklich harmoniert. Nicht nur Grüne Smoothies und Gemüse-Smoothies können Sie mit ein paar Küchenkräutern aufpeppen. Auch Obst-Smoothies bekommen z.B. durch Basilikum, Melisse oder Minze eine interessante Note.

Obst und Gemüse einkaufen

Für einen frischen, leckeren Smoothie sind frische Früchte, Salate und Gemüse immer die erste Wahl. Nur TK-Ware kann den frischen Vitaminbomben das Wasser abgraben. Direkt nach der Ernte schockgefrostet, bleiben im tiefgekühlten Obst und Gemüse sämtliche Vitamine bis zur Verwendung erhalten. Insbesondere bei Früchten sind die Tiefkühlmischungen eine feine Alternative und Basis etlicher leckerer Frozen Smoothies. Vor allem im Sommer bieten diese eine angenehm kühlende Erfrischung, ohne dass Sie hierfür auf eine Extraportion Eiswürfel zurückgreifen müssen. Sie können aber auch frische Früchte vorbereiten und einfrieren, wenn Sie einmal zu viel davon geerntet oder gekauft haben. Dann haben Sie immer leckeres, kühles Obst für Ihren Grünen oder Obst-Smoothie zur Hand.

Von Dosengemüse oder -früchten ist hingegen eher abzuraten. Sie haben durch das Erhitzen viele Vitalstoffe verloren und sind oft durchtränkt von kalorienreichem Zucker und mit Farb- und Konservierungsstoffen behandelt. Trockenobst in Bio-Qualität ist hier die bessere Alternative, wenn Ihre Lieblingszutat gerade keine Saison hat.

Die richtige Aufbewahrung

Wer gerne Smoothies zubereitet, greift am Obst- und Gemüsestand oder im Supermarkt gerne einmal öfter zu. Oftmals

Gesundheitskick mit Superfoods

Superfoods sind Lebensmittel mit Inhaltsstoffen, die einen positiven Effekt auf unsere Gesundheit ausüben. Wer diese gesundheitlichen Wirkungen für sich nutzen möchte, sollte einfach regelmäßig diese Zutaten seinen Smoothies beimischen:

Acai-Beeren besitzen einen hohen Gehalt an Antioxidantien, die gegen die schädlichen freien Radikale im Körper wirken und so u. a. verschiedenen Alterungsprozessen gegensteuern. Hierzulande sind Acai-Beeren vor allem als Pulver, Tabletten oder getrocknet zu bekommen. Leicht süßlich im Geschmack, eignen sie sich hervorragend als Ersatz für Blaubeeren.

Blaubeeren weisen ebenfalls einen sehr hohen Gehalt an Antioxidantien auf und binden freie Radikale. Sie schützen u. a. vor Arteriosklerose und entfalten ihren Geschmack besonders gut in Grünen Smoothies.

Chia-Samen sind derzeit der Renner, mit einem Anteil von 20 Prozent besitzen sie den höchsten in Pflanzen vorkommenden Gehalt an Omega-3-Fettsäuren. Sie fördern die Leistungsfähigkeit des Gehirns, liefern lang anhaltende Energie, unterstützen die Verdauung und senken Blutdruck, Cholesterinspiegel und Blutfettwerte.

Ingwer stärkt ebenfalls die Verdauung und hat auch positive Auswirkungen auf das Immunsystem. Seine erfrischende Schärfe passt wunderbar zu Ananas, Äpfeln, Sellerie, Erdbeeren und sämtlichen Salaten.

Moringa, als Pulver und Blätter des Meerrettichbaums erhältich, enthält mit Ausnahme von B12 sämtliche Vitamine in erstaunlich hoher Konzentration.

Muskat fördert die Leistungsfähigkeit und ist krampflösend und schmerzlindernd. Zudem wird er bei Verdauungsbeschwerden wie Blähungen, Unwohlsein, Durchfall oder Sodbrennen genutzt.

Vanille ist stimmungsaufhellend und sexuell belebend – ihre ätherischen Öle werden auch bei Schlaflosigkeit und Depressionen eingesetzt.

Zimt regt als wärmendes Gewürz den Stoffwechsel an und unterstützt während Diäten den Fettabbau.

lässt sich jedoch nicht alles am selben Tag verwerten. Wie also erkennt man möglichst frische Ware und wie bewahrt man seine Obst- und Gemüsevorräte am besten auf?
Mit Ausnahme von Bananen sind reife Früchte, Gemüse und Salate am besten im Kühlschrank aufgehoben. Insbesondere Salate und Beeren sind leicht verderblich und faulen bei Zimmertemperatur schon an einem Tag. Daher lohnt es sich auch, beschädigte Beeren sofort auszusortieren. Unbeschädigt halten sie sich bis zu drei und mehr Tagen im Kühlschrank.
Bei einem frischen Salatkopf dürfen keine faulen Stellen zu sehen sein. Ist dies der Fall, entfernen Sie die angefaulten Blätter, bevor der Salat in den Kühlschrank oder Mixer kommt. Achten Sie bei Pflücksalaten außerdem darauf, dass sich kein Wasser in der Tüte befindet, denn dann ist der Salat vermutlich angefault. Salatblätter trocknen schnell aus, darum ist es sinnvoll, Salate in Plastiktüten zu lagern. Gleiches gilt für alle Kräuter und etliche Obst- und Gemüsesorten. Insbesondere diejenigen, die viel Wasser enthalten – wie zum Beispiel Gurken, Tomaten, aber auch Rhabarber, Aprikosen, Pfirsiche, Nektarinen, Äpfel und Birnen –, halten sich gekühlt und in Plastik am längsten. Dabei bildet die Plastikverpackung nicht immer nur einen Schutz für die Früchte selbst, sondern auch für ihre Kühlschranknachbarn.

Was reift nach, was nicht?

Ärgerlich ist es, wenn Obst und Gemüse schon nach kurzer Zeit verderben oder beim Kauf noch unreif sind und nicht mehr nachreifen. Daher sollten Sie bei Einkauf und Aufbewahrung einige Tipps beachten. Zunächst einmal ist hier zu sagen, dass nur wenige Früchte reif geerntet werden. Zu ihnen zählen alle Arten von Beeren, Steinobst und Zitrusfrüchte. Kirschen, Pflaumen, Aprikosen, Pfirsiche, Nektarinen und Weintrauben kaufen Sie am besten, wenn ihre Haut prall, fest und unbeschädigt ist.
Alle Arten von Südfrüchten reifen hingegen nach. Wollen Sie nicht so lange warten, sollten Sie sie bereits möglichst reif kaufen. Denn reife Früchte sind am intensivsten im Geschmack und eignen sich daher z.B. hervorragend, um Grüne Smoothies zu süßen. Eine reife Ananas erkennen Sie beispielsweise daran, dass sich ein Blatt leicht aus der Krone lösen lässt. Avocados sind genau richtig, wenn sie bei leichtem Druck nachgeben. Das Gleiche gilt für Kiwis. Eine Wassermelone sollte sich hohl anhören, wenn Sie daraufklopfen, während bei Galiamelonen und Mangos ein Riechtest zeigt, ob die Frucht süß und reif ist. Duften die Früchte, sind sie reif. Ansonsten einfach noch ein paar Tage bei Zimmertemperatur nachreifen lassen, bevor Sie sie verarbeiten.

Obst nachreifen lassen

Äpfel, Birnen und Bananen produzieren Ethylen – ein Gas, das **Reifungsprozesse** beschleunigt. Sollen Früchte, z. B. Kiwis oder Avocados, nachreifen, stecken Sie diese einfach zusammen mit einem Apfel, einer Banane oder einer Birne bei Zimmertemperatur in eine **Plastiktüte.** Von bereits reifen Früchten halten sie diese **„Reife-Booster"** jedoch am besten fern!

Schälen oder nicht schälen?

Beim Frischverzehr streiten sich Schälgegner und -befürworter über diese Frage. Um einen möglichst gesunden Smoothie zu mixen, sollten Sie allerdings stets die Frucht mit Schale verarbeiten. Denn viele Vitamine und Vitalstoffe befinden sich bei Äpfeln und etlichen anderen Obst- und Gemüsesorten direkt unter der Schale. Selbst Kiwis können, wenn sie nicht zu „haarig" sind, mit Schale verarbeitet werden. Achten Sie hierbei jedoch stets auf Bio-Qualität und waschen Sie die Früchte vor dem Mixen!
Aber nicht nur das Schälen, auch die weitere Vorbereitung der Früchte ist wichtig. Einige Sorten – darunter Ananas, Äpfel und Birnen – sind beispielsweise sehr faserig, was sich störend auf die Konsistenz des Smoothies auswirken kann und ihn mitunter schwer

trinkbar macht. Hier empfiehlt es sich, die Früchte zuvor zu entsaften oder zu pürieren. Den Saft abseihen, durch ein feines Sieb geben und erst danach mit in den Mixer geben.

Auf die Crema kommt es an!

Die Konsistenz entscheidet ebenso über den Geschmack eines Smoothies wie seine Zutaten. Deshalb kommen idealerweise auf drei Tassen Früchte ungefähr eine bis zwei Tassen Flüssigkeit. Wie viel genau, hängt von der Qualität der Früchte ab. Sind sie eher wässrig, kommt wenig Flüssigkeit mit in den Mixbecher, sind sie fester, darf es ein bisschen mehr sein. Dabei können nicht

nur die verschiedenen Obstsorten große Unterschiede aufweisen, auch die Sorten einzelner Obstarten wie z.B. Erdbeeren besitzen zum Teil einen sehr unterschiedlichen Fruchtwasseranteil. Arbeiten Sie daher von vornherein mit wenig Flüssigkeit und gießen Sie dann gegebenenfalls noch Flüssigkeit nach. Verdünnen ist immer leichter, als nachträglich zu verdicken.
Im Folgenden erfahren Sie, wie Sie Ihren Smoothie bei Bedarf verdicken und verdünnen können, um die richtige Konsistenz zu erhalten.

Smoothies verdicken

Verdickt wird vorzugsweise mit Bananen, Mangos und Avocados. Denn diese Früchte, die auch als Basisfrüchte bezeichnet werden, weisen mehr Fruchtfleisch als andere auf. Daneben können Sie Ihre Smoothies aber auch mithilfe von Quark, Hüttenkäse, griechischem Jogurt, Creme fraîche oder Eiscreme verdicken. Auch gefrorene Früchte, Puddings, Erdnussbutter, Nüsse, Müsli, Tofu sowie etliche Getreidesorten sind hierzu geeignet. Ebenso sind Chia-Samen nicht nur ein Superfood – sie eignen sich auch ideal zum Verdicken zu wässrig gewordener Smoothies. Denn sie quellen in Flüssigkeiten bis auf das 10-Fache ihres Volumens auf. Hierfür reicht ein Teelöffel gemahlener Samen, der

in den Smoothie gegeben wird, bis die Samen ausreichend aufgequollen sind. Oder Sie weichen die Samen in etwas Wasser ein, bevor Sie sie mit in den Mixer geben. Aber Achtung: Wenn Sie den Chia-Samen-Smoothie zu lange stehen lassen, kann es passieren, dass Sie ihn später löffeln müssen!

Smoothies verdünnen

Verdünnt werden Grüne Smoothies vorzugsweise mit Wasser, gern aber auch mit Gemüsefond sowie Obst- und Gemüsesäften aller Art. Milch, Buttermilch, Mandel-, Haselnuss-, Soja- oder Kokosnussmilch sind ebenfalls ideale Basisflüssigkeiten, verändern aber den fruchtigen Charakter. Für erfrischende Sommer-Smoothies werden gern auch Eistees und -kaffees verwendet. Hierfür eignen sich besonders Pfefferminz-, Früchte- und Grüner Tee. Ähnlich exotisch können Sie mit Kokoswasser zu dickes Fruchtpüree in einen köstlichen Smoothie verwandeln.

Das Auge trinkt mit!

Wenn Sie Familie, Freunde oder Bekannte mit herrlich leckeren Smoothies beeindrucken möchten, kann die richtige Dekoration den Appetit noch steigern! Im Folgenden erhalten Sie daher einige Dekorationstipps.

Grundsätzlich gilt hierbei, dass die Garnitur aus den Zutaten des Smoothies bestehen sollte. So macht es – etwa bei frühlingshaften Smoothies – Sinn, die verwendeten Kräuter oder zarten Blattsalate der Smoothies als Garnitur zu verwenden. Junge Spinatblätter, Rauke oder Kräuter können Sie dabei einfach ins Glas stecken. Denn Smoothies bieten den Vorteil, dass die Garnitur durch die dickflüssige Konsistenz nicht versinkt.
Im Sommer, wenn erfrischende Frozen Smoothies angesagt sind, können Sie ruhig auch ein paar gefrorene Beeren obenauf schwimmen lassen. Eiswürfel mit eingefrorenen Kräutern oder essbare Blüten sind ebenfalls ein geschmacksechter Hingucker. Ein beliebter Klassiker der Getränkedekoration ist auch eine Ecke oder Scheibe von Frucht oder Gemüse, die eingeschnitten und als Garnitur an den Rand gesteckt wird. Hier können Sie stets auch mit mehr als nur einer Zutat spielen.
Im Herbst, wenn die die erntefrischen Smoothies angesagt sind, haben Nüsse

Saison. Sie machen sich ebenso im wie auf dem Smoothie gut. So können Sie beispielsweise mit Samenkörnern oder Nüssen hübsche Dekoelemente auf die Oberfläche „zeichnen". Gleiches gilt für Kürbis- und Sesamsamen.

Ein dekoratives Highlight sind die weihnachtlichen Winter-Smoothies. Zimtstangen, Sternanis und Lebkuchenherzen oder Spekulatius versetzen jeden Gast in Adventsstimmung. Zitronen- oder Orangenabrieb, etwas roter Pfeffer oder Kakao sind zwar etwas dezenter, machen aber ebenso den Mund wässrig.

Smoothies richtig servieren

Neben dieser Vielfalt an dekorativen Ideen sei jedoch eines hervorgehoben: Ein Smoothie sollte immer direkt nach der Zubereitung serviert werden, damit Vitamine, Aromen, Farbe und Textur optimal wirken. Smoothies werden schnell schlecht, weil Vitamine und andere wichtige Nährstoffe direkt nach dem Mixen oxidieren und zersetzen. Auch Smoothie-Reste sollten Sie nicht länger als 24 Stunden im Kühlschrank aufbewahren. Am besten verwenden Sie hierfür eine gut verschließbare Glasflasche. Smoothies, die etwas gestanden haben, sollten Sie vor dem Trinken schütteln oder rühren.

Saisonal genießen

Verbraucher kaufen vorwiegend in Supermärkten, die ihre Ware aus aller Welt beziehen. Relevant ist für viele Konsumenten in erster Linie der Preis. Alle anderen Kriterien wie Qualität, Umweltbelastung, Nachhaltigkeit sowie soziale und kulturelle Auswirkungen geraten dabei in den Hintergrund. Auf unserem Esstisch landen Produkte, deren genaue Herkunft kaum mehr nachvollziehbar ist. Inzwischen gibt es bereits Erdbeeren zu Weihnachten, Spargel im Herbst und Weintrauben zu Pfingsten. Der Welthandel macht es möglich. Das Wissen, wann Früchte und Gemüse Saison haben, geht verloren. Dennoch ist es wichtig, saisonal und regional zu kaufen. Denn saisonal-regionales Obst und Gemüse ist besser für unsere Gesundheit. Im optimalen Reifezustand geerntet, besitzen sie den höchsten Gehalt an Vitaminen und sekundären Pflanzenstoffen. Ein im August geernteter Salatkopf, der mehr Sonne abbekommen hat, weist beispielsweise einen drei- bis fünfmal höheren Gehalt an Flavonoiden auf als sein Frühjahrskollege, der schon im April seinen „Kopf hinhalten musste“. Freilandtomaten weisen im Vergleich zu Gewächshauszüchtungen ein Drittel mehr an Vitamin C auf. Zudem hat im Frühjahr gereiftes Gewächshausgemüse einen höheren Gehalt an schädlichen Nitraten als Freiland- und Sommerware. Bei Untersuchungen auf Pestizide stellte sich zudem heraus, dass Produkte aus Italien und der Türkei am stärksten und mehrfach belastet waren. Drei von zehn ausländischen Bio-Produkten wurden beanstandet.

Auch der Geschmack ist erst bei ausgereiften Produkten voll entwickelt. Zu früh gepflückt, sind etliche Obst und Gemüsesorten wässrig und ohne Aroma. Erdbeeren, Nektarinen, Tomaten und Paprika entwickeln ihre typischen Aromen beispielsweise erst gegen Ende ihrer Reifezeit. Zudem ist Abwechslung im Jahreszyklus ein wahrer Genuss! Man denke an die Freude über den ersten Spargel und die ersten Erdbeeren im Frühjahr. Oder wenn im Sommer schmackhafte, reife Pflaumen, Aprikosen und Pfirsiche auf dem Markt kommen, man im Herbst erntefrische Äpfel, Birnen und Trauben ergattern oder den winterlichen Speiseplan durch allerlei Kohlsorten und Zitrusfrüchte bereichert!

Auch die Haushaltskasse freut sich über saisonale Produkte – sind sie zur Hochsaison doch wesentlich günstiger! Es lohnt sich also, zu dieser Zeit zu kaufen und das frische Obst und Gemüse einzufrieren.

Hinzu kommt der ökologische Fingerabdruck. Treibhausgasemissionen und lange Transportwege verbrauchen viel Energie. Selbst gekühlt eingelagerte Äpfel aus der Region sind Überseeimporten eindeutig vorzuziehen. Beispielsweise benötigt ein Apfel aus Südamerika 12-mal mehr Energie, um zu uns in den Supermarkt zu kommen, als heimische Ware. Starke Argumente dafür, regional zu kaufen und sich für die Bauern und Märkte vor Ort stark zu machen! Anhaltspunkte dafür, Gemüse-, Obst- und Salatsorten frisch und gesund nach Saison zu kaufen, geben beispielsweise Saisonkalender.

[Frühlingsleichte Vitaminbomben

Apfel-Smoothie
mit Spinat und Kiwi

Zutaten

1 grüner Apfel
2 Kiwis
30 g Spinat
1/2 Zitrone

Für 1 Port. | Zubereitung: ca. 10 Min.

An apple a day keeps the doctor away! Und zusammen mit dem frischen, gesunden Spinat wird dieser Smoothie zur echten Vitaminbombe!

So wird's gemacht

1. Apfel waschen, vierteln, Kerngehäuse entfernen und klein schneiden. Kiwis halbieren und Fruchtfleisch mit einem Teelöffel aus der Schale löffeln. Spinat waschen und trocken schütteln. Zitrone auspressen.

2. Apfel, Kiwis, Spinat und Zitronensaft in den Mixer geben und mit 250 Millilitern Wasser kräftig durchmixen, bis alles gut zerkleinert ist. Nach Belieben Eiswürfel zugeben und sofort genießen.

Rote-Bete-Smoothie

mit Apfel und Zitrone

Für 1 Port. | Zubereitung: ca. 10 Min.

Rote Bete ist ein echter Alleskönner: Ob Blutdruck, Herz, Leber oder Galle, der Körper profitiert ungemein von der roten Wunderknolle. Und lecker ist sie auch!

Zutaten

1 mittelgroße Rote Bete
1 Apfel
1 Zitrone

So wird's gemacht

1. Rote Bete ca. 5 Minuten kochen. Schälen und in kleine Stücke schneiden. Apfel waschen, vierteln, Kerngehäuse entfernen und klein schneiden. Zitrone halbieren und den Saft auspressen.

2. Apfel, Rote Bete und Zitronensaft in den Mixer geben und kräftig durchmixen. Je nach gewünschter Konsistenz noch etwas Wasser hinzufügen und nochmals gut durchmixen. Smoothie gut gekühlt genießen.

[Tipp] Beim Kochen der Roten Bete sollte man darauf achten, dass die Schale unverletzt ist. Ansonsten „blutet" die Knolle aus und verliert ihre schöne Farbe.

Rhabarber-Smoothie

mit Erdbeeren und Banane

Zutaten

200 g Erdbeeren
2 Stangen Rhabarber
1 Banane
1 EL Haferflocken
1 EL gemahlene Mandeln
200 ml Mandelmilch

Für 2 Port. | Zubereitung: ca. 20 Min.

Jetzt kommt ein echtes Dreamteam! Die Säure des Rhabarbers und die Süße der sonnengereiften Erdbeeren passen einfach perfekt zusammen.

So wird's gemacht

1. Erdbeeren waschen, putzen und halbieren. Rhabarber waschen, putzen und in kleine Stücke schneiden. Banane schälen und in Stücke schneiden.

2. Obst mit Haferflocken und Mandeln in den Mixer geben und kräftig durchmixen. Zum Schluss Mandelmilch zugeben und noch einmal kräftig durchmischen. In gekühlte Gläser füllen und genießen.

Grüner Salat-Smoothie

Für 1 Port. | Zubereitung: ca. 15 Min.

Super-Smoothie mit Superfood: Chiasamen und Feldsalat bringen einen echten Energieboost und halten das Immunsystem auf Trab.

So wird's gemacht

1. Apfel waschen, vierteln, Kerngehäuse entfernen und klein schneiden. Feldsalat und Kopfsalat waschen und trocken schütteln. Zitrone mit heißem Wasser waschen und mit Schale in Stücke schneiden. Kiwis halbieren und Fruchtfleisch mit einem Teelöffel aus der Schale löffeln.

2. Apfel und Kiwis in den Mixer geben und kräftig mixen. Salat und Zitrone zugeben und nochmals kräftig durchmixen. Je nach Geschmack Zucker zugeben. Zum Schluss Chiasamen auf den Smoothie streuen und servieren.

Zutaten

1 Apfel
100 g Feldsalat
8 Blätter Kopfsalat
1/2 unbehandelte Zitrone
2 Kiwis
evtl. 1 EL Zucker
1 EL Chiasamen

Frühlings-Smoothie
mit Kirschen und Birne

Zutaten

6 Kirschen
1/2 Birne
3 Blätter Eichblattsalat
4 Blätter Radieschengrün
4 Blätter junges Kohlrabigrün
4 Stängel glatte Petersilie

Für 1 Port. | Zubereitung: ca. 15 Min.

Frühlingsfrisch kommt dieser Smoothie daher. Zartes Radieschen- und Kohlrabigrün, knackige Kirschen und süße Birne bringen gute Laune ins Glas.

So wird's gemacht

1. Kirschen waschen und entkernen. Birne halbieren, schälen und vom Kerngehäuse befreien. Salatblätter, Radieschengrün und Kohlrabigrün waschen und trocken schütteln. Petersilie waschen, trocken schütteln und Blättchen abzupfen.

2. Kirschen, Birne, Salat und Petersilie in den Mixer geben und kräftig durchmixen. Kohlrabi- und Radieschengrün zugeben und nochmals kräftig mixen. Je nach gewünschter Konsistenz noch etwas Wasser zufügen. Smoothie gut gekühlt genießen.

Erdbeer-Smoothie
mit Mangold und Kirschen

Für 4 Port. | Zubereitung: ca. 10 Min.

Erdbeeren sind herrliche Frühlingsfrüchte, von denen man nicht genug bekommen kann. Hier gehen sie eine köstliche Liaison mit Kirschen und Mangold ein.

So wird's gemacht

1. Erdbeeren waschen, putzen und halbieren. Kirschen waschen und entsteinen. Mangold waschen, trocken schütteln und vom holzigen Stiel befreien. Minze waschen, trocken schütteln und Blättchen abzupfen.

2. Erdbeeren, Kirschen, Mangoldblätter und Minze in den Mixer geben und mit 1 Liter Wasser auffüllen. Kräftig durchmixen, bis eine sämige Konsistenz entsteht. In gut gekühlte Gläser füllen und genießen.

Zutaten

300 g Erdbeeren
40 g Kirschen
80 g Mangold
4 Stängel Minze

Kirsch-Smoothie

mit Banane und Minze

Zutaten

150 g Kirschen
1 Banane
2 Stängel Minze
100 ml Milch
125 g Magerquark
evtl. Vanillearoma
Eiswürfel

Für 2 Port. | Zubereitung: ca. 15 Min.

KiBa mal ganz anders! Extra frisch und extra erfrischend mit Minze und Quark, haben Kirschen und Banane hier einen lecker-leichten Auftritt.

So wird's gemacht

1. Kirschen waschen und entsteinen. Banane schälen und in Stücke schneiden. Minze waschen, trocken schütteln, Blättchen abzupfen und einige Blättchen für die Dekoration beiseitestellen.

2. Kirschen, Banane und Minze zusammen mit Milch und Quark in den Mixer geben und alles kräftig miteinander vermischen. Nach Belieben mit Vanillearoma abschmecken. Eiswürfel zugeben, in Gläser füllen und mit Minzblättern dekoriert servieren.

Spinat-Smoothie

mit Sellerie und Gurke

Für 2 Port. | Zubereitung: ca. 10 Min.

Mit diesem Smoothie-Klassiker kann man nichts falsch machen! Besonders als gesundes Frühstück ist er optimal für einen vitalen Start in den Tag.

So wird's gemacht

1. Spinat gründlich waschen und trocken schütteln. Sellerie und Selleriegrün waschen, putzen und klein schneiden. Apfel waschen, vierteln, Kerngehäuse entfernen und klein schneiden. Gurke waschen, längs halbieren, vierteln und von den Kernen befreien. Gurke klein schneiden.

2. Spinat, Sellerie, Apfel und Gurke in den Mixer geben und kräftig durchmixen. Mit einer Prise Salz abschmecken. Je nach gewünschter Konsistenz noch etwas Wasser zufügen. Gut gekühlt genießen.

Zutaten

200 g Babyspinat
2 Stangen Sellerie
1 grüner Apfel
1 Salatgurke
1 Prise Salz

Erdbeer-Joghurt-Smoothie

Zutaten

600 g Erdbeeren
200 g Joghurt
250 ml Milch
1 Päckchen Vanillezucker

Für 4 Port. | Zubereitung: ca. 15 Min.

Erdbeer-Fans werden diesen Smoothie lieben! Zusammen mit dem Joghurt entsteht eine cremige Verführung, von der man nicht die Finger lassen kann.

So wird's gemacht

1. Erdbeeren waschen, putzen und halbieren.

2. Erdbeeren, Joghurt und Milch in den Mixer geben und alles kräftig durchmixen. Je nach gewünschter Konsistenz kann noch etwas Milch zugefügt werden. Mit Vanillezucker süßen, in gut gekühlte Gläser füllen und genießen.

[Tipp] Vor allem griechischer Joghurt macht sich gut in diesem Smoothie. Dieser ist besonders cremig, hat jedoch auch einen höheren Fettanteil.

Möhren-Smoothie
mit Ingwer und Orange

Für 1 Port. | Zubereitung: ca. 15 Min.

Dieser Smoothie heizt durch den Ingwer ordentlich ein und kurbelt die Verdauung an. Ein belebender Wachmacher fürs gesunde Frühstück also.

So wird's gemacht

1. Möhre putzen, schälen und in kleine Stücke schneiden. Apfel waschen, vierteln, Kerngehäuse entfernen und klein schneiden. Ingwer schälen und klein schneiden. Orange halbieren und Saft auspressen. Zitrone auspressen.

2. Möhre, Apfel, Ingwer, Orangensaft und Zitronensaft in den Mixer geben und kräftig durchmixen. Je nach gewünschter Konsistenz kann noch etwas Wasser zugefügt werden. Mit Eiswürfeln servieren und gut gekühlt genießen.

Zutaten

1 mittelgroße Möhre
1 Apfel
1 Stück Ingwer
1 Orange
1/2 Zitrone
Eiswürfel

Kirsch-Erdbeer-Smoothie

Zutaten

100 g Erdbeeren
100 g Kirschen
1 Zitrone

Für 2 Port. | Zubereitung: ca. 10 Min.

Aromatisch frisch und unverschämt lecker bis zum letzten Schluck! Genießen Sie mit Kirschen und Erdbeeren die süßen Seiten des Frühlings.

So wird's gemacht

1. Erdbeeren waschen, putzen und halbieren. Kirschen waschen und entsteinen. Zitrone halbieren und den Saft auspressen.

2. Erdbeeren, Kirschen und Zitronensaft in den Mixer geben und kräftig durchmixen. Mit Eiswürfeln servieren und gut gekühlt genießen.

[Tipp] Legen Sie die geputzten Früchte vor dem Mixen für ca. 1 Stunde ins Tiefkühlfach. So erhalten Sie einen besonders erfrischenden Smoothie.

Feldsalat-Smoothie

mit Gurke und Kefir

Für 2 Port. | Zubereitung: ca. 10 Min.

Rapunzel, Nüssler oder Vogerl: Feldsalat hat viele Namen, sein Geschmack aber ist einzigartig. Vor allem zusammen mit Kefir ein echter Hochgenuss!

Zutaten

2 Handvoll Feldsalat
1 Handvoll Eisbergsalat
1/2 Salatgurke
250 ml Kefir
Salz
frisch gemahlener Pfeffer

So wird's gemacht

1. Feldsalat und Eisbergsalat waschen, trocken schütteln und in kleine Stücke zupfen. Salatgurke waschen, längs halbieren und vierteln. Gurke von den Kernen befreien und in kleine Stücke schneiden.

2. Salate, Gurke und Kefir in den Mixer geben und kräftig durchmixen. Mit Salz und Pfeffer abschmecken und gut gekühlt genießen.

Buttermilch-Birnen-Smoothie

Zutaten

3 Birnen
1 Zitrone
300 ml Buttermilch
1 TL Honig

Für 2 Port. | Zubereitung: ca. 10 Min.

Mit der erfrischenden und fettarmen Buttermilch und der knackig-süßen Birne wird dieser Smoothie ein leckerer Genuss ohne Reue.

So wird's gemacht

1. Die Birnen waschen, putzen, vierteln und vom Kerngehäuse befreien. Birne in kleine Stücke schneiden. Saft der Zitrone auspressen.

2. Birnen, Zitronensaft und Buttermilch in den Mixer geben und alles kräftig durchmixen. Mit Honig süßen und gut gekühlt servieren.

[Tipp] Sie können Smoothies gehaltvoller und sättigender machen, indem Sie 1–2 Esslöffel Haferflocken mitmixen.

Orangen-Apfel-Smoothie

Für 2 Port. | Zubereitung: ca. 10 Min.

Schlicht, schnell, schmackhaft: Dieser Smoothie ist ruckzuck gemacht und erfreut Obstfans und Vitaminfreunde gleichermaßen.

So wird's gemacht

1. Äpfel waschen, vierteln, Kerngehäuse entfernen und klein schneiden. Banane schälen und klein schneiden.

2. Äpfel, Banane und Orangensaft in einen Mixer geben und alles kräftig durchmixen. Je nach gewünschter Konsistenz noch etwas Wasser zufügen. Smoothie gut gekühlt genießen.

[Tipp] Am besten verwenden Sie frisch gepressten Orangensaft. Hierbei gilt: 1 Orange enthält ca. 100 Milliliter Saft.

Zutaten

2 Äpfel
1 Banane
200 ml Orangensaft

[Erfrischende Sommer-Smoothies

Himbeer-Erdbeer-Smoothie

Zutaten

200 g Erdbeeren
100 g Himbeeren
1 Banane
1 Zitrone
1 Päckchen Vanillezucker
Eiswürfel

Für 3 Port. | Zubereitung: ca. 10 Min.

Jetzt geht's mit Volldampf in den Sommer! Sonne, Urlaub, hitzefrei – und dazu diesen eisgekühlten Sommer-Smoothie mit himmlisch leckeren Himbeeren!

So wird's gemacht

1. Erdbeeren waschen, putzen und halbieren. Himbeeren vorsichtig abbrausen. Banane schälen und in Stücke schneiden. Saft der Zitrone auspressen.

2. Erdbeeren, Himbeeren, Banane und Zitronensaft in einen Mixer geben und kräftig durchmixen. 300 Milliliter Wasser zufügen und nochmals gut vermischen. Mit Vanillezucker abschmecken und mit Eiswürfeln servieren.

Aprikosen-Smoothie
mit Birne und Banane

Für 2 Port. | Zubereitung: ca. 15 Min.

Sommerzeit ist Aprikosenzeit! Wunderbar cremig, verwöhnt der Aprikosen-Smoothie unseren Gaumen und macht einfach gute Laune.

So wird's gemacht

1. Aprikosen mit heißem Wasser übergießen, abschrecken und Haut abziehen. Halbieren, entsteinen und in Stücke schneiden. Birne waschen, putzen, vierteln, vom Kerngehäuse befreien und klein schneiden. Banane schälen und in Stücke schneiden.

2. Aprikosen, Birne und Banane in den Mixer geben und kräftig durchmixen. Mit Honig abschmecken und so viel Wasser zugeben, bis die gewünschte Konsistenz erreicht ist. Mit Crushed Ice servieren und gut gekühlt genießen.

Zutaten

300 g Aprikosen
1 Birne
1 Banane
1 EL Honig
Crushed Ice

Brokkoli-Smoothie
mit Apfel und Mandeln

Zutaten

2 Handvoll Brokkoliröschen
1 Apfel
1 Orange
1 Handvoll geschälte Mandeln

Für 2 Port. | Zubereitung: ca. 10 Min.

Wer sagt, dass Brokkoli langweilig schmeckt, hat diesen Smoothie noch nicht probiert! Mit Mandeln und Obst macht er hier eine richtig gute Figur.

So wird's gemacht

1. Brokkoli in kochendem Wasser kurz blanchieren. Apfel waschen, vierteln, Kerngehäuse entfernen und klein schneiden. Orange halbieren und den Saft auspressen.

2. Brokkoli, Apfel, Orangensaft und Mandeln in den Mixer geben und kräftig durchmixen. 200 Milliliter Wasser zugeben und nochmals gut durchmischen. In gut gekühlte Gläser füllen und genießen.

Wassermelonen-Smoothie

Für 2 Port. | Zubereitung: ca. 10 Min.

Sommer pur im Glas: Wenn die Temperaturen in ungeahnte Höhen klettern, ist dieser erfrischende Smoothie genau das Richtige.

So wird's gemacht

1. Fruchtfleisch der Wassermelone von der Schale trennen, Kerne entfernen und in kleine Stücke schneiden. Limette halbieren und Saft auspressen. Minze waschen, trocken schütteln und Blättchen abzupfen. Zwei Minzblätter für die Dekoration beiseitestellen.

2. Melone, Limettensaft, Minze und Zucker in den Mixer geben und alles kräftig durchmixen. Crushed Ice zugeben und nochmals gut vermischen. in Gläser füllen, mit Minze dekorieren und eiskalt genießen.

Zutaten

500 g Wassermelone
1 Limette
2 Stängel Minze
1 EL brauner Zucker
Crushed Ice

Brombeer-Smoothie
mit Bananen und Zitrone

Zutaten

2 Bananen
150 g Brombeeren
1 Zitrone
400 ml Buttermilch
1 EL Honig

Für 3 Port. | Zubereitung: ca. 5 Min.

Schon die Farbe von diesem Smoothie ist ein echter Hingucker. Und auch der Geschmack steht dem in nichts nach. Also ran an den Mixer und guten Appetit!

So wird's gemacht

1. Bananen schälen und in Stücke schneiden. Brombeeren abbrausen. Zitrone halbieren und Saft auspressen.

2. Bananen, Brombeeren, Zitronensaft und Buttermilch in den Mixer geben und alles kräftig durchmixen. Mit Honig süßen und nochmals gut durchmischen. In gut gekühlten Gläsern servieren und genießen.

[Tipp] Abwechslung ist Trumpf! Ersetzen Sie die Buttermilch doch einfach mal durch Joghurt, Mandelmilch oder Kokosmilch.

Tomaten-Smoothie

mit Basilikum und Pinienkernen

Für 1 Port. | Zubereitung: ca. 10 Min.

Hier treffen die Aromen Italiens im Mixer aufeinander und vereinen sich zu einem herrlich würzigen Smoothie, der Lust auf mehr macht.

Zutaten

5 Tomaten
1 Stängel Basilikum
1 EL Pinienkerne
Salz
frisch gemahlener Pfeffer

So wird's gemacht

1. Tomaten mit heißem Wasser überbrühen und anschließend in kaltem Wasser abschrecken. Tomaten häuten, vierteln und von den Kernen befreien. Basilikum waschen, trocken schütteln und Blättchen abzupfen. Zwei Basilikumblätter für die Dekoration beiseitestellen.

2. Tomaten, Basilikum und Pinienkerne in den Mixer geben und kräftig durchmixen. Mit Salz und Pfeffer abschmecken und in Gläser füllen. Mit Basilikum dekorieren und gut gekühlt genießen.

Pfirsich-Himbeer-Smoothie

Zutaten

1 Pfirsich
1 Handvoll Himbeeren
150 ml Milch
1 Kugel Vanilleeis

Für 1 Port. | Zubereitung: ca. 5 Min.

Süßer Pfirsich, aromatische Himbeeren und cremiges Vanilleeis machen diesen Smoothie zu einer verführerischen – und gesunden! – Köstlichkeit, die man sich ruhig mal gönnen kann.

So wird's gemacht

1. Pfirsich waschen, putzen, entsteinen und in kleine Stücke schneiden. 2 dünne Pfirsichspalten für die Dekoration beiseitestellen. Himbeeren abbrausen.

2. Pfirsich, Himbeeren und Milch in den Mixer geben und kräftig durchmixen. Vanilleeis zugeben und nochmals gut vermischen. Smoothie in ein Glas füllen, mit Pfirsichspalten dekorieren und sofort genießen.

Nektarinen-Trauben-Smoothie

Zutaten

1 Banane
2 Nektarinen
200 g kernlose Weintrauben
100 ml Apfelsaft
Eiswürfel

Für 2 Port. | Zubereitung: ca. 15 Min.

Mit Nektarinen und Weintrauben liegt man genau richtig, wenn es um Vitamine und Mineralstoffe geht. Also an den Mixer, fertig, los!

So wird's gemacht

1. Banane schälen und in Stücke schneiden. Nektarinen waschen, putzen, entsteinen und in Stücke schneiden. Weintrauben waschen und von der Rispe zupfen.

2. Banane, Nektarinen, Trauben und Apfelsaft in den Mixer geben und kräftig durchmixen. In Gläser mit Eiswürfeln füllen und gut gekühlt genießen.

Stachelbeer-Quark-Smoothie

Für 2 Port. | Zubereitung: ca. 10 Min.

Mit der leckeren herb-säuerlichen Stachelbeere mischt man sich hier einen echten Gute-Laune-Smoothie. Denn sauer macht ja bekanntlich lustig!

So wird's gemacht

1. Stachelbeeren waschen und putzen. Banane schälen und in Stücke schneiden. Zitrone halbieren und auspressen.

2. Stachelbeeren, Banane und Zitronensaft mit Magerquark und Joghurt in den Mixer geben und gut durchmixen. Buttermilch zugeben und nochmals gut vermischen. In gut gekühlte Gläser füllen und genießen.

Zutaten

100 g Stachelbeeren
1 Banane
1 Zitrone
3 EL Magerquark
3 EL Joghurt
100 ml Buttermilch

Basilikum-Gurken-Smoothie

Für 4 Port. | Zubereitung: ca. 15 Min.

Was für eine Geschmacksexplosion! Knoblauch und Basilikum bringen die Aromen des Sommers ins Glas. Und durch den Joghurt wird der Smoothie herrlich cremig.

Zutaten

1 Salatgurke
1 Knoblauchzehe
4 Stängel Basilikum
500 g fettarmer Joghurt
Salz
frisch gemahlener Pfeffer
Crushed Ice

So wird's gemacht

1. Gurke waschen und vier dünne Scheiben für die Dekoration abschneiden. Restliche Gurke längs halbieren, Kerne entfernen und Fruchtfleisch in grobe Stücke schneiden. Knoblauch schälen und fein hacken. Basilikum waschen, trocken schütteln und Blättchen abzupfen.

2. Gurke, Knoblauch, Basilikum und Joghurt in den Mixer geben und pürieren. 200 Milliliter Wasser zugeben und nochmals gut durchmixen. Mit Salz und Pfeffer abschmecken und mit Crushed Icc in Gläser füllen. Gurkenscheiben als Dekoration auf den Rand stecken und Smoothie eisgekühlt genießen.

Heidelbeer-Smoothie

mit Banane, Apfel und Minze

Zutaten

100 g Heidelbeeren
1 Banane
1 Apfel
1 Zitrone
2 Stängel Minze
evtl. 1 EL Honig
Eiswürfel

Für 2 Port. | Zubereitung: ca. 10 Min.

Heidelbeeren zählen zu den Superfoods und sollen Anti-Aging-Effekte besitzen. Ein echter Jungbrunnen im Glas also. Na dann: Prost!

So wird's gemacht

1. Heidelbeeren waschen. Apfel waschen, putzen, vierteln, vom Kerngehäuse befreien und klein schneiden. Banane schälen und in Stücke schneiden. Zitrone halbieren und den Saft auspressen. Minze waschen, trocken schütteln und Blättchen abzupfen. Zwei Minzblätter für die Dekoration beiseitestellen.

2. Heidelbeeren, Banane, Apfel und Zitronensaft in den Mixer geben und alles gut pürieren. 300 Milliliter Wasser hinzufügen und nochmals gut vermischen. Nach Belieben mit Honig süßen. Smoothie und Eiswürfel in Gläser geben und mit Minzblättchen dekoriert servieren.

Paprika-Tomaten-Smoothie

Für 1 Port. | Zubereitung: ca. 15 Min.

Ein würziger Gemüsedrink, der es in sich hat und mediterranes Flair versprüht. An einem heißen Sommertag genau das Richtige!

So wird's gemacht

1. Paprika waschen, putzen, vierteln und von Trennwänden und Kernen befreien. Paprika in Stücke schneiden. Sellerie waschen und in Stücke schneiden. Tomate waschen, putzen, vierteln und von Kernen befreien. Saft der Zitrone auspressen. Basilikum waschen, trocken schütteln und Blättchen abzupfen. 1 Basilikumblättchen für die Dekoration beiseitelegen.

2. Paprika, Sellerie, Tomate, Zitronensaft und Basilikum in den Mixer geben und alles kräftig durchmixen. Eventuell Wasser zugeben, bis die gewünschte Konsistenz erreicht ist. Mit Salz und Pfeffer abschmecken. Mit Basilikum dekorieren und gut gekühlt genießen.

Zutaten

1 rote Paprikaschote
1 Stange Sellerie
1 Tomate
1/2 Zitrone
1 Stängel Basilikum
Salz
frischer gemahlener Pfeffer

Pflaumen-Smoothie

mit Vanilleeis

Zutaten

4 Pflaumen
1 EL brauner Zucker
1 EL Vanillezucker
300 ml Milch
2 Kugeln Vanilleeis

Für 2 Port. | Zubereitung: ca. 10 Min.

Besonders für Kinder ein süßer Hochgenuss, der einfach Spaß macht und von dem man nicht genug bekommen kann. Die Pflaumensaison war noch nie so lecker!

So wird's gemacht

1. Pflaumen waschen, halbieren und entsteinen. Zwei Pflaumenspalten für die Dekoration beiseitestellen, restliche Pflaumen klein schneiden.

2. Pflaumen, braunen Zucker, Vanillezucker und Milch in den Mixer geben und alles gut durchmixen. Vanilleeis zugeben und nochmals gut durchmischen. In Gläser füllen und mit Pflaumenspalten dekoriert servieren.

Beeren-Smoothie

mit Minze und Kefir

Für 1 Port. | Zubereitung: ca. 10 Min.

Jede Menge Beeren stecken in diesem Smoothie, der vor Vitaminen und Antioxidantien nur so strotzt. Gesunde Ernährung und Genuss schließen sich nicht aus!

So wird's gemacht

1. Himbeeren, Johannisbeeren und Heidelbeeren abbrausen und trocknen. Erdbeeren waschen, putzen und halbieren. Minze waschen, trocken schütteln und Blättchen abzupfen. Zwei Minzblätter für die Dekoration beiseitestellen.

2. Beeren, Minze, Kefir und Honig in den Mixer geben und alles gut durchmixen. Crushed Ice in ein Glas geben und Smoothie zufügen. Mit Minze dekoriert servieren.

Zutaten

1 Handvoll Himbeeren
1 Handvoll Johannisbeeren
1 Handvoll Heidelbeeren
1 Handvoll Erdbeeren
1 Stängel Minze
200 ml Kefir
1 TL Honig
Crushed Ice

Fenchel-Mangold-Smoothie

Zutaten

1/2 Fenchelknolle
4 Blätter Mangold
1 Banane
10 Datteln

Für 2 Port. | Zubereitung: ca. 10 Min.

Wer gerne mit außergewöhnlichen Aromen experimentiert, wird diesen Smoothie lieben. Die gesunden Inhaltsstoffe des Fenchels kommen hier voll zur Geltung.

So wird's gemacht

1. Fenchel waschen, putzen und in Stücke schneiden. Mangold waschen, trocken schütteln und klein schneiden. Banane schälen und in Stücke schneiden. Datteln halbieren und entkernen.

2. Fenchel, Mangold, Banane und Datteln in den Mixer geben und alles gut pürieren. 400 Milliliter Wasser hinzufügen und nochmals kräftig durchmixen. In gut gekühlte Gläser füllen und genießen.

Honigmelonen-Smoothie

Für 3 Port. | Zubereitung: ca. 10 Min.

Ein Highlight für echte Schleckermäuler: Die natürliche Süße der Honigmelone macht diesen Smoothie besonders lecker und bekömmlich.

So wird's gemacht

1. Kerne aus der Melone entfernen, Fruchtfleisch von der Schale befreien und in Stücke schneiden. Apfel waschen, putzen, vierteln, vom Kerngehäuse befreien und klein schneiden. Banane schälen und in Stücke schneiden.

2. Melone, Apfel, Banane und Orangensaft in den Mixer geben und alles gut durchmixen. Mit Eiswürfeln in Gläser füllen und gut gekühlt genießen.

Zutaten

1/2 Honigmelone
1 Apfel
1 Banane
250 ml Orangensaft
Eiswürfel

[Vollmundige Herbst-Smoothies

Kürbis-Orangen-Smoothie

Zutaten

1 Apfel
300 g Hokkaidokürbis
1 Orange
400 ml Orangensaft
1 EL Honig nach Belieben

Für 2 Port. | Zubereitung: ca. 15 Min.

Herbstzeit ist Kürbiszeit! Und der macht sich nicht nur in der klassischen Suppe gut, sondern schmeckt auch als Smoothie ganz hervorragend.

So wird's gemacht

1. Apfel waschen, putzen, vierteln, vom Kerngehäuse entfernen und klein schneiden. Kürbis schälen, von den Kernen befreien und in Stücke schneiden. Orange schälen, von der weißen Haut befreien und klein schneiden, dabei den Saft auffangen.

2. Apfel, Kürbis, Orange und Orangensaft in den Mixer geben und kräftig pürieren. Nach Belieben mit Honig süßen und gut gekühlt servieren.

[Tipp] Wer den Kürbis nicht roh verarbeiten möchte, kann diesen auch für ca. 45 Minuten im Ofen backen. Dann ist er schön weich und bereit zur Weiterverarbeitung. Als Deko eignen sich einige Minzblättchen.

Feigen-Smoothie

mit Zimt und Bananen

Für 4 Port. | Zubereitung: ca. 10 Min.

Feigen kommen viel zu selten in Smoothies! Deshalb hier ein Rezept, das auf jeden Fall begeistern wird und das Potenzial zum Lieblingssmoothie hat.

So wird's gemacht

1. Bananen schälen und in Stücke schneiden. 1 Feige vierteln und Feigenspalten für die Dekoration beiseitestellen. Restliche Feigen halbieren und mit einem Löffel das Fruchtfleisch aus der Schale lösen.

2. Bananen, Feigen, Cashewkerne und Milch in einen Mixer geben und kräftig pürieren. Nach Belieben Wasser zufügen, bis die gewünschte Konsistenz erreicht ist. Mit Vanillezucker und Zimt abschmecken und gut gekühlt genießen.

Zutaten

2 Bananen
6 Feigen
1 Handvoll Cashewkerne
400 ml Milch
1 Päckchen Vanillezucker
1 TL Zimt

Mandarinen-Smoothie
mit Gojibeeren und Birnen

Zutaten

2 Birnen
4 Mandarinen
2 EL getrocknete Gojibeeren
1 EL Honig nach Belieben

Für 2 Port. | Zubereitung: ca. 10 Min.

Wenn die Tage wieder kürzer werden, bricht die Mandarinensaison an. Und zusammen mit den Gojibeeren machen die sich ganz besonders gut im Smoothie.

So wird's gemacht

1. Birnen waschen, putzen, vierteln, vom Kerngehäuse befreien und klein schneiden. Mandarinen schälen, von der weißen Haut befreien und in Stücke zerteilen.

2. Birnen, Mandarinen und Gojibeeren in den Mixer geben und kräftig durchmixen. 200 Milliliter Wasser zugeben und nochmals gut vermischen. Nach Belieben mit Honig süßen und gut gekühlt genießen.

[Tipp] Im Spätsommer und Frühherbst hat die Nashi-Birne Saison. Ihr feiner Geschmack und saftiges Fruchtfleisch macht sie ideal für Smoothies.

Ananas-Bananen-Smoothie

Für 1 Port. | Zubereitung: ca. 15 Min.

Jetzt wird's exotisch! Ananas eignet sich ganz hervorragend für Smoothies und steckt voller gesunder Inhaltsstoffe, die Erkältungen keine Chance lassen.

So wird's gemacht

1. Ananas großzügig schälen, Fruchtfleisch vom Strunk befreien und in Stücke schneiden. Ein Stück für die Dekoration aufheben. Orange und Limette halbieren und den Saft auspressen. Banane schälen und in Stücke schneiden.

2. Ananas, Orangen- und Limettensaft und Banane in den Mixer geben und alles gut pürieren. 100 Milliliter Wasser und Joghurt zufügen und alles nochmals gut vermischen. Eiswürfel und Smoothie in ein Glas geben und mit einem Ananasstück dekoriert servieren.

Zutaten

1/4 Ananas
1 Orange
1 Limette
1 Banane
2 EL Joghurt
Eiswürfel

Preiselbeer-Smoothie
mit Vanille und Joghurt

Zutaten

100 g Preiselbeeren
2 Bananen
1 Vanilleschote
250 g Joghurt
300 ml Milch
Honig nach Belieben

Für 2 Port. | Zubereitung: ca. 10 Min.

Klein, aber oho! Mit der Preiselbeere holt man sich eine echte Vitaminbombe ins Glas. Eine Wunderwaffe, wenn's ums Immunsystem geht.

So wird's gemacht

1. Preiselbeeren waschen und trocken tupfen. Bananen schälen und in Stücke schneiden. Vanilleschote längs aufschneiden und das Mark mit dem Messer herauskratzen.

2. Preiselbeeren, Bananen, Joghurt und Milch in einen Mixer geben und alles gut durchmixen. Vanillemark zugeben und nochmals gut durchmischen. Nach Belieben mit Honig süßen und gut gekühlt servieren.

Avocado-Chicorée-Smoothie

Zutaten

1/2 Avocado
1/2 Zitrone
1 Birne
3 Blätter Chicorée
200 g Joghurt
Honig nach Belieben

Für 2 Port. | Zubereitung: ca. 10 Min.

Cremig und gehaltvoll, ist dieser Smoothie genau das Richtige für kalte Regentage. Vor allem die wertvollen Fette der Avocado machen ihn besonders bekömmlich.

So wird's gemacht

1. Avocadohälfte schälen, in kleine Stücke schneiden und mit dem Saft der Zitrone beträufeln. Birne waschen, putzen, vierteln, vom Kerngehäuse befreien und in Stücke schneiden. Chicorée waschen, trocken schütteln und klein schneiden.

2. Avocado, Birne, Chicorée und Joghurt in den Mixer geben und kräftig durchmixen. Nach Belieben mit Honig süßen und in gut gekühlten Gläsern servieren.

Apfel-Trauben-Smoothie

Für 2 Port. | Zubereitung: ca. 10 Min.

Radicchio macht sich nicht nur im Salat gut, sondern passt auch hervorragend in einen Smoothie. Zusammen mit den süßen Weintrauben Geschmack pur!

So wird's gemacht

1. Trauben waschen und von der Rispe zupfen. Apfel waschen, putzen, vierteln, vom Kerngehäuse befreien und klein schneiden. Radicchio waschen, trocken schütteln und klein schneiden.

2. Trauben, Apfel und Radicchio in einen Mixer geben und alles gut pürieren. Mit 400 Millilitern Wasser verdünnen und nochmals gut durchmixen. Mit 1 Esslöffel Honig süßen und gut gekühlt genießen.

Zutaten

150 g kernlose Weintrauben
1 Apfel
1/2 Radicchio
1 EL Honig

Rotkohl-Smoothie

mit Banane und Apfel

Für 2 Port. | Zubereitung: ca. 10 Min.

Rotkohl im Smoothie? Ja, das geht! Und in roher Form entfaltet er seine gesunden Eigenschaften besonders gut.

Zutaten

100 g Rotkohl
1 Banane
1 Apfel
1 Zitrone
1 Handvoll Pinienkerne
einige Stängel Schnittlauch

So wird's gemacht

1. Rotkohlblätter waschen, trocken schütteln und den weißen Strunk entfernen. Banane schälen und in Stücke schneiden. Apfel waschen, putzen, vierteln, vom Kerngehäuse befreien und klein schneiden. Zitrone halbieren und den Saft auspressen.

2. Rotkohl, Banane, Apfel, Zitronensaft und 2/3 der Pinienkerne in den Mixer geben und alles gut durchmixen. 300 Milliliter Wasser zugeben und nochmals gut vermischen. Schnittlauch waschen, trocken schütteln und in kleine Röllchen schneiden. Smoothie in Gläser füllen, mit Pinienkernen und Schnittlauch bestreuen und genießen.

Avocado-Mango-Smoothie

Zutaten

1 Avocado
1 Mango
2 Orangen
200 g Joghurt
200 ml Milch

Für 4 Port. | Zubereitung: ca. 10 Min.

Vor allem die Mango sorgt hier für ein exotisches Geschmacksfeuerwerk. Kein Wunder, gilt die Mango doch in Indien als die „Königin der Früchte".

So wird's gemacht

1. Avocado halbieren, Kern entfernen und Fruchtfleisch mit dem Löffel aus der Schale lösen. Avocado klein schneiden und einige Stücke für die Dekoration beiseitestellen. Mango schälen, Fruchtfleisch vom Kern schneiden und in Stücke schneiden. Orangen halbieren und Saft auspressen.

2. Avocado, Mango und Orangensaft in den Mixer geben und alles gut pürieren. Milch und Joghurt zugeben und nochmals alles gut miteinander vermischen. Smoothie in Gläser füllen und mit Avocadostückchen dekoriert servieren.

Dattel-Kürbis-Smoothie

Für 1 Port. | Zubereitung: ca. 10 Min.

Wenn draußen das trübe Wetter dominiert, ist dieser Kürbis-Smoothie mit wärmendem Zimt und süßen Datteln genau richtig, um wieder gute Laune zu bekommen.

Zutaten

200 g Hokkaidokürbis
1 Banane
5 Datteln
150 g Joghurt
1/2 TL Zimt

So wird's gemacht

1. Kürbis schälen, von den Kernen befreien und in Stücke schneiden. Banane schälen und klein schneiden. Datteln halbieren und entkernen.

2. Kürbis, Banane, Datteln und Joghurt in den Mixer geben und alles kräftig durchmixen. Smoothie in ein Glas füllen und mit Zimt bestreut servieren.

[Tipp] Sind die Datteln getrocknet, sollte man sie vor dem Verarbeiten über Nacht in Wasser einweichen. So lassen sie sich besser pürieren.

Endivien-Ananas-Smoothie

Zutaten

1 Handvoll Endiviensalat
1 Apfel
100 g Ananas
1/4 Avocado

Für 1 Port. | Zubereitung: ca. 10 Min.

Ein grüner Smoothie, der mit vielen Vitaminen und Mineralstoffen punktet und besonders zur Unterstützung des Immunsystems ideal ist.

So wird's gemacht

1. Endiviensalat waschen, trocken schütteln und klein schneiden. Apfel waschen, putzen, vierteln, vom Kerngehäuse befreien und klein schneiden. Ananas schälen, Fruchtfleisch vom Strunk befreien und in Stücke schneiden. Avocado schälen und klein schneiden.

2. Salat, Apfel, Ananas und Avocado in den Mixer geben und pürieren. 200 Milliliter Wasser zugeben und nochmals alles gut durchmixen. In ein Glas füllen und gut gekühlt genießen.

Wirsing-Orangen-Smoothie

Für 2 Port. | Zubereitung: ca. 10 Min.

Wirsing ist eine beliebte Smoothiezutat mit viel Vitamin C und Chlorophyll und in klein gehäckselter Form gut verdaulich und bekömmlich.

So wird's gemacht

1. Wirsingblätter waschen, trocken schütteln und klein schneiden. Orangen halbieren und den Saft auspressen. Banane schälen und in Stücke schneiden.

2. Wirsing, Orangensaft, Banane und Mandelmilch in den Mixer geben und alles gut durchmixen. Nach Belieben mit Honig süßen und gut gekühlt servieren.

Zutaten

5 Wirsingblätter
2 Orangen
1 Banane
400 ml Mandelmilch
1 EL Honig nach Belieben

Grünkohl-Smoothie
mit Kokoswasser und Banane

Zutaten

100 g Grünkohl
1 Apfel
1 Banane
200 ml Kokoswasser

Für 2 Port. | Zubereitung: ca. 10 Min.

Mit seinem intensiven Grünton ist dieser Smoothie ein echter Hingucker. Und durch das aromatische Kokoswasser schmeckt er einfach fantastisch.

So wird's gemacht

1. Grünkohl waschen, trocken schütteln und klein schneiden. Apfel waschen, putzen, vierteln, vom Kerngehäuse befreien und klein schneiden. Banane schälen und in Stücke schneiden.

2. Grünkohl, Apfel, Banane und Kokoswasser in den Mixer geben und alles kräftig durchmixen. 200 Milliliter Wasser zugeben und nochmals gut vermischen. In gut gekühlte Gläser füllen und genießen.

[Wärmende Winter-Smoothies

Lebkuchen-Smoothie

mit Kardamom und Honig

Für 2 Port. | Zubereitung: ca. 10 Min.

Das Ende des Jahres rückt immer näher, und mit ihm kommen die weihnachtlichen Gewürze wieder in die Küche – und in diesen köstlichen Smoothie.

So wird's gemacht

1. Bananen schälen und in Stücke schneiden. Vanilleschote längs aufschneiden und das Mark mit dem Messer herauskratzen. Kardamomsamen aus den Kapseln lösen und mörsern.

2. Banane, Vanille, Mandelmilch, Honig und Gewürze in den Mixer geben und alles kräftig durchmixen. In Gläser füllen, mit den Zimtstangen Smoothies nochmals umrühren und genießen.

Zutaten

2 Bananen
1 Vanilleschote
3 Kardamomkapseln
350 ml Mandelmilch
3 EL Honig
1/2 TL Zimt
1 Prise gemahlene Nelken
2 Zimtstangen als Dekoration

Himbeer-Smoothie
mit Marzipan und Zimt

Zutaten

100 g Marzipanrohmasse
300 g Himbeeren (TK-Produkt)
250 ml Mandelmilch
1/2 TL Zimt
Honig nach Belieben

Für 2 Port. | Zubereitung: ca. 10 Min.

Weihnachtliche Stimmung im Glas mit Himbeere, Mandelmilch und Marzipan, die ganz wunderbar miteinander harmonieren und einfach nur begeistern.

So wird's gemacht

1. Marzipanrohmasse klein würfeln. 4 Himbeeren für die Dekoration auftauen und beiseitestellen.

2. Marzipan, tiefgefrorene Himbeeren, Mandelmilch und Zimt in den Mixer geben und gut durchmixen. Nach Belieben mit Honig süßen. In Gläser füllen, mit Himbeeren dekorieren und sofort genießen.

[Tipp] Wer kein großer Zimt-Fan ist, kann diesen auch durch frisches Vanillemark ersetzen. Auch das macht sich sehr gut in diesem Smoothie.

Bananen-Mandel-Smoothie

Für 3 Port. | Zubereitung: ca. 10 Min.

Wer von Heißhunger geplagt wird, greift zu diesem Smoothie, der einfach nur fantastisch schmeckt und lange satt macht.

Zutaten

2 Bananen
125 g geschälte Mandeln
1 Vanilleschote
600 ml Mandelmilch
1/2 TL Zimt

So wird's gemacht

1. Bananen schälen und in Stücke schneiden. Mandeln fein hacken. Vanilleschote längs aufschneiden und das Mark mit dem Messer herauskratzen.

2. Bananen, Mandeln, Vanillemark und Mandelmilch in den Mixer geben und alles kräftig durchmixen. Smoothie in Gläser füllen und mit Zimt bestreut servieren.

Granatapfel-Smoothie

Zutaten

1 Granatapfel
2 Birnen
1 Zitrone
150 g Joghurt
1 Prise Zimt
2 TL Honig
Crushed Ice

Für 2 Port. | Zubereitung: ca. 10 Min.

Die „Speise der Götter", wie der Granatapfel auch genannt wird, macht sich sehr gut in Smoothies und bereichert den winterlichen Speiseplan ungemein.

So wird's gemacht

1. Granatapfel halbieren, Kerne herausklopfen und den Saft auffangen. Birnen waschen, putzen, vierteln, vom Kerngehäuse befreien und klein schneiden. Zitrone halbieren und auspressen.

2. Granatapfelkerne, Granatapfelsaft, Birnen, Zitronensaft und Joghurt in den Mixer geben und alles kräftig durchmixen. Mit Zimt und Honig abschmecken und mit Crushed Ice servieren.

Chili-Smoothie

wärmt von innen

Zutaten

1/2 Ananas
1/4 Chilischote
1 Banane

Für 2 Port. | Zubereitung: ca. 15 Min.

Fruchtig-scharf, peppt dieser Smoothie die trübe Winterlaune wieder auf und bringt Power und Vitalstoffe in den Körper.

So wird's gemacht

1. Ananas schälen, halbieren, Strunk entfernen und das Fruchtfleisch in kleine Stücke schneiden. Chilischote waschen, halbieren und Kerne entfernen. Banane schälen und klein schneiden.

2. Ananas, Chili und Banane in den Mixer geben und alles kräftig miteinander vermischen. 300 Milliliter Wasser zugeben und nochmals alles gut durchmixen. In Gläser füllen und sofort genießen.

Cranberry-Smoothie

mit Chai-Tee

Für 1 Port. | Zubereitung: ca. 10 Min.

Die Würze des Chai-Tees verleiht hier eine ganz besondere Note. Und die Cranberrys geben dem Immunsystem den im Winter dringend benötigten Energieboost.

So wird's gemacht

1. Banane schälen und in Stücke schneiden. Cranberrys waschen und abtrocknen. Fertig zubereiteten Chai-Tee abkühlen lassen.

2. Banane, Cranberrys, Tee und Zimt in einen Mixer geben und alles kräftig durchmixen. Nach Belieben mit Honig süßen und sofort genießen.

Zutaten

1 Banane
1 Handvoll Cranberrys
1 Tasse Chai-Tee
1/4 TL Zimt
1 TL Honig nach Belieben

Bratapfel-Smoothie

mit Zimt und Honig

Für 2 Port. | Zubereitung: ca. 20 Min.

Der Winterklassiker in flüssiger Form ist ein echter Genuss! In der Weihnachtszeit ein Muss für alle Schleckermäuler und Süßschnäbel.

So wird's gemacht

1. Äpfel waschen, putzen, vierteln, Kerngehäuse entfernen und klein schneiden. 2 Apfelspalten für die Dekoration beiseitestellen. Äpfel mit Butter und Zucker in einer Pfanne karamellisieren.

2. Äpfel, Mandelblättchen, Marzipan, Zimt und Honig in den Mixer geben und alles kräftig durchmixen. Eventuell noch etwas Apfelsaft zugeben, bis die gewünschte Konsistenz erreicht ist. Smoothie in Gläser füllen und mit Apfelspalten dekoriert servieren.

Zutaten

2 Äpfel
1 EL Butter
1 TL brauner Zucker
2 EL gehackte Mandeln
50 g Marzipanrohmasse
1 TL Zimt
1 TL Honig
evtl. Apfelsaft

Zitrus-Smoothie
gegen den Winterblues

Zutaten

1 Grapefruit
2 Orangen
1 Zitrone
2 Limetten
1 Handvoll Himbeeren (TK-Produkt)
4 Stängel Minze
100 ml Buttermilch
Honig nach Belieben

Für 2 Port. | Zubereitung: ca. 10 Min.

Wenn die Welt mal wieder grau und trüb wirkt, dann schnell den Mixer angeworfen und den Zitrus-Smoothie ins Glas. Da hat der Winterblues keine Chance!

So wird's gemacht

1. Grapefruit schälen, Fruchtfleisch von weißer Haut befreien und klein schneiden. Orangen schälen, von weißer Haut befreien und klein schneiden. Zitrone und Limetten halbieren und den Saft auspressen. Minze waschen, trocken schütteln und Blättchen abzupfen.

2. Grapefruit, Orange, Himbeeren, Zitronen- und Limettensaft zusammen mit der Minze in einen Mixer geben und alles gut durchmixen. Buttermilch zugeben und alles nochmals gut vermischen. Je nach gewünschter Konsistenz noch etwas Wasser hinzufügen. Nach Belieben mit Honig süßen und gut gekühlt in Gläsern servieren.

Grünkohl-Smoothie

mit Ananas und Kiwi

Für 2 Port. | Zubereitung: ca. 10 Min.

Grünkohl ist ein klassisches Wintergemüse und passt wunderbar in grüne Smoothies. Hier bereichern auch noch Spinat, Ananas und Kiwi den Geschmack.

So wird's gemacht

1. Grünkohlblätter waschen, trocken schütteln und klein schneiden. Spinat waschen und trocken schütteln. Ananasscheibe in Stücke schneiden. Apfel waschen, putzen, vierteln, vom Kerngehäuse befreien und klein schneiden. Kiwis schälen und klein schneiden. Zitrone halbieren und auspressen. Minze waschen, trocken schütteln und Blättchen abzupfen.

2. Ananas, Apfel und Kiwis in einen Mixer geben und kräftig durchmixen. Grünkohl und Spinat zugeben und abermals kräftig durchmixen. Zitronensaft und Minze zugeben und gut vermischen. Je nach gewünschter Konsistenz Wasser zugeben. Nach Belieben mit Honig abschmecken und gut gekühlt servieren.

Zutaten

5 Grünkohlblätter
2 Handvoll Spinat
1 Scheibe Ananas
1 Apfel
2 Kiwis
1 Zitrone
2 Stängel Minze
Honig nach Belieben

Rote-Bete-Smoothie

mit Möhren und Ingwer

Zutaten

1 Rote Bete
2 Möhren
1 Orange
1 Stück Ingwer
Honig nach Belieben

Für 1 Port. | Zubereitung: ca. 20 Min.

Wintermüdigkeit ade! Ingwer weckt die Lebensgeister, Rote Bete hebt die Stimmung und Möhren bringen Vitamine mit. Ein echter Power-Smoothie!

So wird's gemacht

1. Rote Bete kurz kochen, schälen und in kleine Stücke schneiden. Möhren putzen, schälen und klein schneiden. Orange halbieren und Saft auspressen. Ingwer schälen und klein hacken.

2. Rote Bete, Möhren, Orangensaft und Ingwer in den Mixer geben und alles kräftig durchmixen. Mit Wasser auffüllen, bis die gewünschte Konsistenz erreicht ist. Nach Belieben mit Honig süßen und gut gekühlt servieren.

Portulak-Smoothie

mit Trockenobst und Rosinen

Zutaten

50 g junger Portulak
2 getrocknete Feigen
3 Backpflaumen
60 g Himbeeren
(TK-Produkt)
20 g Rosinen

Für 2 Port. | Zubereitung: ca. 5 Min.

Der lang vergessene Portulak ist wieder auf dem Vormarsch. Sein erfrischender und leicht nussiger Geschmack passt gut in Smoothies und Salate.

So wird's gemacht

1. Portulak waschen und trocken schütteln. Feigen und Backpflaumen klein schneiden. Himbeeren etwas antauen lassen.

2. Feigen und Backpflaumen mit etwas Wasser kräftig durchmixen. Himbeeren, Portulak und Rosinen zugeben und nochmals kräftig mixen. Mit Wasser auffüllen, bis die gewünschte Konsistenz erreicht ist. Smoothie gut gekühlt in Gläser füllen und genießen.

Heidelbeer-Smoothie
mit Ingwer und Orange

Für 2 Port. | Zubereitung: ca. 5 Min.

Mehr Power geht nicht: Die Superfoods Heidelbeere und Ingwer vereinen sich in diesem Smoothie zum perfekten Super-Smoothie.

Zutaten

1 Apfel
3 Orangen
1 Zitrone
2 Handvoll Heidelbeeren (TK-Produkt)
1 Stück Ingwer

So wird's gemacht

1. Apfel waschen, putzen, vierteln, vom Kerngehäuse befreien und klein schneiden. Orangen und Zitrone halbieren und den Saft auspressen. Heidelbeeren etwas antauen lassen. Ingwer schälen und klein schneiden.

2. Apfel, Heidelbeeren, Ingwer, Orangen- und Zitronensaft in den Mixer geben und alles kräftig durchmixen. 300 Milliliter Wasser zugeben und nochmals gut vermischen. Smoothie in Gläser füllen und sofort genießen.

Weihnachts-Smoothie

mit Rosinen und Kokosflocken

Für 2 Port. | Zubereitung: ca. 15 Min.

Wärmende Gewürze, Rosinen, Nüsse, Marzipan: Die Aromen von Weihnachten stecken in diesem Smoothie und bringen nicht nur Kinderaugen zum Leuchten.

So wird's gemacht

1. 2 Esslöffel Rosinen mit Rum vermischen und ziehen lassen. Apfel waschen, putzen, vierteln, vom Kerngehäuse befreien und klein schneiden. Banane schälen und in Stücke schneiden. Marzipanrohmasse klein schneiden. Mandeln ohne Fett in einer Pfanne kurz anrösten.

2. Rumrosinen, Apfel, Banane, Marzipan, Mandeln und Mandelmilch in den Mixer geben und alles kräftig durchmixen. Zimt und Honig zugeben und nochmals gut durchmischen. Smoothie in Gläser gießen und mit Kokosflocken und restlichen Rosinen garniert servieren.

Zutaten

4 EL Rosinen
1 EL Rum
1 Apfel
1 Banane
40 g Marzipan-Rohmasse
2 EL gehackte Mandeln
400 ml Mandelmilch
1 TL Zimt
1 EL Honig
2 EL Kokosflocken

Detox-Smoothie
nach den Feiertagen

Zutaten

4 Handvoll Spinat
2 Handvoll Feldsalat
1 Apfel
2 Kiwis
2 Limetten
1 Avocado
2 Stängel Minze
1 Stück Ingwer

Für 2 Port. | Zubereitung: ca. 10 Min.

Die Festessen liegen schwer im Magen? Dann ist dieser Detox-Smoothie genau das Richtige, um frisch und gesund ins neue Jahr zu starten.

So wird's gemacht

1. Spinat und Feldsalat waschen und trocken schütteln. Apfel waschen, putzen, vierteln, vom Kerngehäuse befreien und klein schneiden. Kiwis schälen und klein schneiden. Limetten halbieren und den Saft auspressen.

2. Avocado halbieren, Kern entfernen und Fruchtfleisch mit dem Löffel aus der Schale lösen. Minze waschen und trocken schütteln. Ingwer schälen und klein schneiden.

3. Spinat und Feldsalat mit 200 Millilitern Wasser in den Mixer geben und kräftig pürieren. Apfel, Kiwis, Limettensaft und Avocado zugeben und nochmals gut durchmixen. Minze und Ingwer zugeben und noch einmal alles gut mixen. In Gläser füllen und gut gekühlt genießen.

Register

Impressum

www.otus.ch

ISBN: 978-3-03793-645-0

Komplettproducing: twinbooks, München (Eva Hutter, Melanie Goldmann)
Text und Redaktion: Vivianne Schoenen und Eva Hutter für twinbooks, München

Text- und Bildquellen:
2: Inga Nielsen/shutterstock.com; 5: Slavica Stajic/shutterstock.com; 6: Oleksandra Naumenko/shutterstock.com; 7: viki2win/shutterstock.com; 8: Malyugin/shutterstock.com; 9: Lecic/shutterstock.com; 10: Jacob Lund/shutterstock.com; 11: Isarat/shutterstock.com; 12: KALACHEVSTUDIO/shutterstock.com; 13: wavebreakmedia/shutterstock.com; 14: Yulia Grigoryeva/shutterstock.com; 15: Pikoso.kz/shutterstock.com; 16: Letterberry/shutterstock.com; 17: Syda Productions/shutterstock.com; 18: g-stockstudio/shutterstock.com; 20 re.: 500 MILES/shutterstock.com; 20 li.: Syda Productions/shutterstock.com; 22: Alena Haurylik/shutterstock.com; 23: Cegli/shutterstock.com; 24: Nika Art/shutterstock.com; 25: sarsmis/shutterstock.com; 26: zoryanchik/shutterstock.com; 29: Julia Metkalova/shutterstock.com; 30: verca/shutterstock.com; 33: mllevphoto/shutterstock.com; 34: Boiarkina Marina/shutterstock.com; 39: kostrez/shutterstock.com; 40: baibaz/shutterstock.com; 43: pilipphoto/shutterstock.com; 44: Shebeko/shutterstock.com; 47: id-art/shutterstock.com; 48: VICUSCHKA/shutterstock.com; 51: Victoria Kurylo/shutterstock.com; 52: MonochromProfi/shutterstock.com; 54: Chiociolla/shutterstock.com; 57: MonochromProfi/shutterstock.com; 58: Dani Vincek/shutterstock.com; 61: Africa Studio/shutterstock.com; 62: aliasemma/shutterstock.com; 65: Africa Studio/shutterstock.com; 66: wideonet/shutterstock.com; 69: Lecic/shutterstock.com; 72: Angelika Sorkina/shutterstock.com; 75: iuliia_n/shutterstock.com; 76: Viktory Panchenko/shutterstock.com; 79: TasiPas/shutterstock.com; 80: Yulia Davidovich/shutterstock.com; 84: Julia Metkalova/shutterstock.com; 87: Julie208/shutterstock.com; 88: saschanti17/shutterstock.com; 91: 5PH/shutterstock.com; 92: Boiarkina Marina/shutterstock.com; 95: natashamam/shutterstock.com; 98: asife/shutterstock.com; 101: vanillaechoes/shutterstock.com; 102: vm2002/shutterstock.com; 107: stockcreations/shutterstock.com; 108: Ildiko Szanto/shutterstock.com; 110: vm2002/shutterstock.com; 113: Lecic/shutterstock.com; 114: Lecic/shutterstock.com; 117: stockcreations/shutterstock.com; 120: Oksana Mizina/shutterstock.com; 123: saschanti17/shutterstock.com; 124: sarsmis/shutterstock.com; 127: tanjichica/shutterstock.com; 130: Aleksandra Kovac/shutterstock.com; 133: saschanti17/shutterstock.com; Abbildung Umschlag Vorderseite: anaumenko/Fotolia.com; Abbildungen Umschlag Rückseite siehe Innenteil